Merete Bandak

Fra januar til december

- 12 månedssalmer

Merete Bandak

Fra januar til december

- 12 månedssalmer

Af samme forfatter

Et håb på størrelse med en myg, roman, 2018, Forlaget eksistensen

Gud, ord og himstregimser, familieoplæsningsbog, 2022, Forlagsgruppen Lohse

Salmer i salmedatabasen Salmer.dk

Fra januar til december

Forlag: BoD - Books on Demand, Hellerup, Danmark
Tryk: BoD - Books on Demand, Norderstedt, Tyskland

ISBN: 978-87-4304-897-8

En tak for gentagelsen, for det vi kender, for det vi håber kommer til at ske igen, for kyllinger der græsser i haven, for at afhentning af lam til slagt trækker ud, for Østersøen der kaster solens lys ind ad mine vinduer mens verden måske går af lave. Jeg citerede engang en salme forkert, det lo min mor meget af: Året går sin skæve gang...

Januar

Himlen over januar
stråler lys og stjerneklar
over vise mænds kameler
myrra, røgelse, juveler
gemt i bokse bittesmå
hemmeligt med låse på
hemmeligt med låse på

Himlen over januar
stråler over jorden bar
hilser Jorden fra det fjerne
blinker til den frosne kerne
Vent kun med at vågne op
Hvil den stive vinterkrop
Hvil den stive vinterkrop

Himlen over januar
venter ikke på et svar
står til rådighed for drømme
uden magt og herredømme
er en kuppel uden bund
hverken venlig eller ond
hverken venlig eller ond

Himlen over januar
rummer mere end et svar
dødens vished livets gave
tro på paradisets have
Poëmin og poëdin
Håbet er i poesien
Håbet er i poesien

Januar er poesi
stjerner og epifani
slør der trækkes blidt til side
kys på fødder der skal lide
hjertesuk og kærlighed
sang og evig herlighed
sang og evig herlighed

Februar

I disse blege dage
hvor horisonten helt er væk
hvor frem er lig tilbage
og katten i en sæk
og sækken i en tønde
er det at ende og begynde
samme svære sag

I disse korte dage
hvor lyset trues hårdt af nat
at slippe for sin plage
at se den skjulte skat
er håbet for den blinde
Giv øjet syn, lad lyset vinde
Jesus, hør mit råb

Giv året lys og retning
Lad masken falde, februar
og lyt til denne sætning:
Sig tak for det du har
og følges med din skaber
Da lykkes livet for en taber
skridt for skridt for skridt

Marts

Hvis du kan, hvis du kan
alt er muligt for den der tror
Når du tier, er tavs som død
findes du, har du set vor nød?
Alles øjne er rettet mod dig
du gir dem føde i rette tid

Hvis du kan, hvis du kan
alt er muligt for den der tror
Herre, hvor skal vi dog gå hen?
Er du brødet fra himmelen?
Alles øjne er rettet mod dig
du gir dem føde i rette tid

Hvis du kan, hvis du kan
alt er muligt for den der tror
Hjælp min vantro og misforstand
tvivlerhjertet i fasteland
Alles øjne er rettet mod dig
du gir dem føde i rette tid

Hvis du kan, hvis du kan
alt er muligt for den der tror
Vand mit hjerte med forårsregn
lad det spire i troens tegn
Alles øjne er rettet mod dig
du gir dem føde i rette tid

April

April, april
Vi kender det spil
snart sol og drivende skyer
snart regn i skyllende byger
Skærtorsdag var snyd og rænkespil
Judas forrådte sin ven
Peters vilje slog ikke til
han løj, slog sandheden hen
Hvor står jeg selv, hvad er det jeg vil
Hvor står jeg selv, hvad er det jeg vil

April, april
Vi kender det spil
snart sol og drivende skyer
snart regn i skyllende byger
Hvis ikke vi fik barmhjertighed
hvem ville kunne bestå
Gud, giv mod og bestandighed
og vis en vej vi kan gå
Kærlige Gud, vi ber om din fred
Kærlige Gud, vi ber om din fred

Maj

Syrenerne åbner en perlende port
af lilla duft, af sødme
Håbet om sommer er blomstrende stort
har rod i forårsjord
Omkvæd:
En dag i maj
en dør på klem
en morgen skøn
nu er udsigten lysegrøn

Når solen står dansende op klokken fem
til fuglesang i skoven
kalder det glæde og pinseild frem
og lyst til liv og leg

Et flammende sprog, det er
helligåndsdåb
og ører står på stilke
Hemmeligheder blir delt, der er håb
om kærlighed og fred

Og Jesus går venlig omkring på vor Jord
med gode ord på læben
kærlige ord sætter blomstrende spor
Vi følges ad på vej

Se melodi bagest

Juni

Vinden i træets krone
blafrende vingeslag
Orglets dybeste tone
Lysende junidag
Omkvæd:
Tre i en, en i tre
Luft og jord og ild
Lever og elsker og giver sig hen
for mennesket, Skaberens ven

Brødet på morgenbordet
Barnet løber i dugget græs
Jesus, brødet og ordet
trækker det tunge læs

Gnisten i barnets øje
Mundens rablende glade snak
Krop i uldstrikket trøje
Hjertet er skabt til tak

Juli

Juli cykler ud på landeveje
skuer over marker, strand og sund
følger vejen, den må gerne dreje
godt at få pedalen trådt i bund
Omkvæd:
Bakker og sving
Se dig omkring
Solskin og regn
Levende hegn hele vejn

Juli trækker stikket i en shelter
drosler ned og nyder enkelhed
Månens gule horn så stille vælter
venter på en hilsen fra hvem ved

Juli dykker ned i havets bølger
svømmer som en skinnende makrel
undgår frisk den skarpeste forfølger
ikke fanges ikke slås ihjel

Juli lagde ud med en historie
om et helt utroligt fiskedræt
Jesus fanged uden glans og glorie
fisk så hele byn ku blive mæt

Juli står i fiskefangstens fortegn
Juli er i stærke magters hånd
Selv i modvind og i kølig småregn
kan vi roligt bæres af hans ånd

August

Blommer og brombær i kurv og i kar
sommermarmelade
Hvepse sværmer, pas på de er klar
stikket gør ondt som spark af hest
Hvem har inviteret jer med til fest?
Festen er lukket!
Ribs- og rabarbersaft drukket!

Sommeren samler sin solenergi
smukt i solpaneler
skaber strøm til en ny melodi
klimabevidst som aldrig før
Kan vi redde kloden inden vi dør
Vil vi forstå det?
Lad os forsøge at nå det

Sommer og blommer og solenergi
er augustens gaver
ja samt brombær: et skønt potpourri
og må det række året ud
du kan skabe overskud, gode Gud
Rødvinen bruser
stort gennem ukendte sluser

Se melodi bagest

September

September har drivende skyer
med sol og lidt regn i byger
de dybeste røde farver
på vildvinens blade, og larver
der borer i piletræ
Vi bøjer os ned og går i knæ:
det rødeste æble i græsset

Nu lyser vor sensommerglobus
af prangende gladiolus
som hilser til alle sider
mens dagen og timerne skrider
Soldater med tryllesværd
gør broget honnør på bare tær
og måneden klapper i hænder

I haven er fugtigt og frodigt
Her mødes så ganske frimodigt
en dreng og en lille pige
Vi hilser på Ingrid Marie
og nikker til Karl Johan
og blotter en lækkersulten tand
September har gaver til maven

Nu høster vi sommerens gaver
på mark, i plantager, haver
en gaveregn ned fra himlen
der ufortjent når mig i vrimlen
og føder en takkesang
til ham som er gavmild nok engang
Ja, tak, Gud, for Jordklodens frugter

Oktober

Oktober tænker på at rejse
en uges pause, en uge fri
at fejre lyset og at hejse
en ferievimpel. En melodi
der mindes somren der er gået
skal spilles stille, måske i mol
for nu er vintersæden sået
og jagten inde, og jorden kold

Oktober tænker på at slagte
og forberede en vinter lang
og går i byen for at jagte
en grusom maske, har skræmmetrang
Skeletter skramler om på gaden
og står for døren, der lukkes op
Man frygter der er gift i maden
på bøffen sidder en edderkop

I dødens mørke findes lyset
Nu kommer jævndøgn og harmoni
Så ingen sjæl bør frygte gyset
fra mørkets kamre, det er forbi
Der stråler lys fra påskemorgen
i hver en årstid, i hver en nat
og også den der mærker sorgen
har lysets gave, har lysets skat

Nu siger vi til dig der lever
og er og findes, vort A og Å
du ser vort hjerte når det bæver
for mørkets kræfter, vi ber dig gå
ved siden af os som vor skygge
og vær en søjle af kærlighed
så vi kan være evigtrygge
når vi kan følges, når du er med

Se melodi bagest

November

Brune og grå
blade i små
fedtede bunker på fortov og sti
Efterårsfarver og festsymfoni
er nu forbi, er til ende

Mest er der blæst
byger fra vest
pytter på gaden og dråber fra sky
frakke og støvler og ny paraply
Dagen er kort, og det regner

Lyset går ud
Hvor findes Gud
her i november hvor mørket tar til
Miste sit håb er der ingen der vil
Tænd os et lys, lad det skinne

Det der nu sker
det vi nu ser
er at vi deles med alle på Jord
deles om årstiders skiftende spor
mørke og lys, sol og måne

Det er et tegn
sol eller regn
at når vi deler har ingen for lidt
Gud har det hele, så bredt og så vidt
og der er nok til os alle

Mød os igen
vær vores ven
varm og fortrolig, og giv os at gå
håbende, givende så vi kan nå
gennem november med glæde

Du er vor fred
når du går med
skinner der lys i den mørkeste nat
Hold os i hånden når vejen er glat
Så er der håb i november

Se melodi bagest

December

Hvad er det der sker
der sker når det sner
der sker når vi venter på sneen
i kulde på fortovscafeen
i læ mellem borde og bænke
hvor alle er fri til at tænke
på alt hvad de vil
på at vi er til

December er håb
december er dåb
i hjerternes længsel, i julen
med rester af frokost om mulen
med barnet der ligger på armen
og dier begærligt ved barmen
en Gud der gir slip
en Gud uden flip

En verden i drift
en hånd med en rift
en måned der længes med smerte
en elsker med bævende hjerte
en måned der ligger i mørke
og truer med styrtregn og tørke
med frost og med tø
med frygt for at dø

En dag skal vi dø
en dag blir vi hø
en dag skal vi bæres til graven
i kulde der skør-isner marven
December begraver de døde
december går året i møde
og åbner en lem
til livet på klem

Vi venter og tror
det spirer og gror
det gærer og bobler i mulden
at varme vil komme af kulden
at Gud snart vil vække til live
et liv der skal vare og blivc
i glæde og fred
i al evighed

Melodier

af Tinebeth Hartkopf
til

Maj
August
Oktober
November
December

Maj

Syrenerne åbner en perlende port

Mel. og sats: Tinebeth Hartkopf, 2022

August

Blommer og brombær i kurv og i kar

Tinebeth Hartkopf, 2022

Oktober tænker på at rejse

Tinebeth Hartkopf, sept. 2022

November

Brune og grå blade

Mel. og sats: Tinebeth Hartkopf
juli 2022

December

Hvad er det der sker

Tinebeth Hartkopf, juli 2022

Melodier

Tinebeth Hartkopf, korleder og komponist, Løgumkloster, har komponeret melodier og arrangementer til maj-, august-, oktober- og novembersalmerne

Flere melodier er på vej

Ved interesse kontakt mebandak@gmail.com

Fotos

Motiver fra Lolland – motivet til november: Dalby Kirke, Skåne, Merete Bandak